15 Cuentos Cortos Bíblicos para Niños

Escrito por

Paul A. Lynch

Contenido

A los niños y lectores entusiastas de todo el mundo.

Samuel alabó a Dios en los tiempos de Israel cuando era niño. En aquellos tiempos, la palabra de Dios era adorada pues no había visiones abiertas. Y llegó un momento en que Eli el sacerdote estaba durmiendo en su lugar y no podía ver porque tenía los ojos ciegos. Y la lámpara estaba apagada al lado del Arca del Señor en el Templo, y el niño

Samuel estaba profundamente dormido. El Señor llamó a Samuel y él respondió: "Aquí estoy".

Y rápidamente se levantó y corrió hacia Old Eli y le dijo: "Aquí estoy porque me habéis llamado".

Y Old Eli respondió: "Vuelve a dormir, porque la verdad, no te he llamado".

Entonces Samuel regreso a dormir. Y mientras dormía, nuevamente escuchó la voz que decía: "¡Samuel! ¡Samuel!"

Y Samuel respondió: "Aquí estoy".

Y corrió hacia Old Eli y le dijo: "Estoy seguro de que esta vez me llamaste".

Pero Old Eli respondió: "Indudablemente, no te llamé. Regresa a dormir."

Samuel aún no conocía la voz de Dios, ni sus palabras se le habían revelado.

Y Dios volvió a llamar a Samuel por tercera vez y el joven respondió: "Aquí estoy".

Samuel corrió hacia Old Eli y dijo: "Aquí estoy. Estoy seguro, me llamaste".

Old Eli se dio cuenta de que Dios había estado llamando al niño y le dijo: "Cuando escuches la voz de nuevo, Habla Señor, tú siervo escucha".

Samuel obedeció la voz de Old Eli y regreso a dormir, y Dios llamó a Samuel y le dijo: "Habla Señor, estoy escuchando".

Y el Señor dijo: "Mira, haré algo nuevo en Israel y todos los oídos que lo escuchen se asombrarán. En ese tiempo, haré todo lo que dije que haría con respecto a la casa de Eli. También pondré fin a su casa. Como le dije, destruiré tu casa porque tus hijos son muy pecadores y no los reprendes. Y dije que su casa no será purificada ni con sacrificios ni ofrendas.

Samuel regreso a dormir, se despertó por la mañana y tenía miedo de contarle a Old Eli la visión de Dios. Pero Elí le dijo: "Dime, te ruego, lo que Dios te dijo anoche. Vamos, no lo ocultes".

Samuel le contó todo lo que Dios le había dicho. Y a medida que Samuel crecía, el Señor estaba con él y todo lo que decía pasaba como profeta. Y todos, desde la ciudad de Dan hasta Beerseba, sabían que Samuel sería un profeta de Dios. Y Dios se le apareció a Samuel en Shiloh.

En la tribu de Benjamín, había un hombre llamado Kish cuyo padre era Abiel y tenía un hijo llamado Saúl. Los burros de Kish se perdieron, y él le dijo a su hijo: "Toma a uno de los sirvientes y ve si puedes encontrar los burros perdidos".

Saúl y el sirviente pasaron por Efraín y no encontraron burros.

Y cuando llegaron a la tierra llamada Zuph, Saul le dijo al sirviente: "Regresa, volvamos a casa para que mi padre no empiece a preocuparse por nosotros".

Y el sirviente respondió: "En esta ciudad vive un hombre de Dios, un profeta. Quizás pueda decirnos el camino que debemos seguir."

Y Saúl respondió: "Pero si vamos, ¿qué le daremos al Hombre de Dios? El pan se ha terminado y no tenemos absolutamente nada para el profeta".

"Mira, tengo una cuarta parte de un siclo de plata. Le daré esto al Hombre de Dios para que nos muestre el camino", dijo el sirviente.

En los viejos tiempos en Israel, los profetas fueron llamados videntes.

Saúl le dijo al sirviente: "Muy bien, entonces, vayamos a ver a este hombre".

Y en su camino, vieron a algunas mujeres jóvenes y preguntaron: "¿Se encuentra aquí el vidente?"

Y ellas respondieron: "¡Ah! Sí, pero date prisa ahora porque hoy va la ciudad para ofrecer un sacrificio por las personas en el templo. Y cuando entres a la ciudad, lo encontrarás en el templo, la gente no comerá nada sin él porque él viene para que pueda bendecir el sacrificio".

Y cuando entraron a la ciudad hacia el templo, Samuel salió a saludarlos.

Dios ya le había dicho a Samuel que Saúl vendría. Además, Dios le dijo que lo consagrara como rey sobre su pueblo.

Y cuando Samuel vio a Saúl, Dios le dijo: "Sin duda, este es el hombre que te dije, quién debería ser el rey sobre mi pueblo".

Y cuando Saúl se acercó, le dijo a Samuel: "¿Puedes decirme dónde está la casa del vidente?"

Y Samuel respondió: "Soy el vidente, ahora ve al templo, porque comerás y beberás conmigo durante dos días, y te diré qué es lo que buscas en tu corazón. Y en cuanto a los burros que has perdido, no te preocupes, porque los han encontrado".

"¿Y para quién es el deseo de Israel? ¿No es para ti y la casa de tu padre? "

Saúl respondió: "Soy un Benjamita. De la tribu más pequeña de todo Israel. Y mi familia es la menor de toda la tribu de Benjamín. ¿Cómo es que me hablas así?

Y Samuel llevó a Saúl y al sirviente dentro de su casa y les dio el mejor lugar para sentarse. Y le dijo al cocinero: "Trae la comida que te dije que prepararas".

El cocinero trajo la comida y la colocó delante de Samuel. Saúl comió con Samuel ese día.

A la mañana siguiente, Saúl y el sirviente se levantaron y estaban preparados para irse, y mientras él y Samuel caminaban, Samuel dijo: "Deja que el sirviente se adelante a ti, pero quédate aquí por un momento".

Samuel tomó una botella de aceite y consagro la cabeza de Saúl y lo besó y dijo: "Cuando bajes, encontrarás a dos hombres en el camino y te dirán que han encontrado tus burros perdidos". Te saludarán y te darán unas hogazas de pan que les aceptaras. Y cuando cruces a la ciudad de los Filisteos, te encontrarás con una compañía de profetas que bajan del templo con instrumentos musicales en sus manos. Y cuando vayas ante ellos, profetizarás con ellos y te convertirás en otro hombre. Y cuando seas testigo de estas señales, recuérdalos, porque Dios está contigo. Y tú irás delante de mí a Gilgal y te quedarás durante siete días para ofrecer sacrificios de ofrendas de paz".

Y fue como Samuel había profetizado.

Saúl, hijo de Kish, se convirtió en el primer rey de Israel y gobernó sobre todo Israel.

Saúl es rechazado como Rey de Israel

La palabra del Señor llegó a Samuel, y él fue a Saúl y le dijo: "El Señor recuerda a los Amalecitas malvados que intentaron colocar trampas para los Israelitas después de que salieron de Egipto. Ahora ve y destruye a todos los Amalecitas. No perdones a ninguno de ellos, ni a sus animales".

Saúl bajó por el valle donde estaban los Amalecitas y le dijo a una tribu de personas que eran los Cineos: "Vayan y escapen, porque recuerdo que mostraron amabilidad con el pueblo de Israel en el Éxodo".

Los Cineos se levantaron e hicieron lo que Saúl había dicho. Saúl asesinó a los Amalecitas desde la mañana hasta la tarde. Y tomó vivo al Rey Agag de los Amalecitas y destruyó al resto de la gente con la espada.

Sin embargo, Saúl y el pueblo perdonaron a Agag y a lo mejor de las ovejas y el ganado, y todo lo que era bueno. Solo destruyeron las cosas que no eran buenas.

La palabra de Dios llegó a Samuel y le dijo: "Lamento haber hecho a Saúl el Rey de Israel, porque se ha rebelado y no ha cumplido mis mandamientos".

Esto entristeció a Samuel y lloró ante Dios toda la noche.

Temprano en la mañana, cuando Samuel salió a encontrarse con Saúl, le dijeron que se dirigía a Gilgal.

Cuando Samuel llegó al lugar donde estaban Saúl y su ejército, Saúl le dijo: "Feliz eres del Señor, porque he cumplido tus mandamientos".

Pero Samuel respondió: "¿Qué es este ruido del balido de las ovejas y los bueyes?"

Saúl respondió: "Mis soldados trajeron lo mejor del ganado para ofrecer como holocausto a Dios. El resto lo hemos destruido por completo".

Samuel le dijo: "Espera, te diré lo que Dios me dijo anoche".

Saúl se quedó atrás.

Samuel le dijo: "Cuando eras joven a tus propios ojos, ¿no eras el líder de las tribus de Israel, y el Señor te consagro como el rey de Israel?" "Y Dios te envió a un viaje para destruir a los malvados Amalecitas, y que no dejes nada ni a nadie. Pero no obedeciste la voz de Dios, sino que mantuviste lo mejor de todo".

Y Saúl respondió: "Seguro, he cumplido los mandamientos del Señor. Mira, he mantenido al Rey Agag aquí. Pero la gente tomó el botín y se quedó con las mejores ovejas y ganado.

Samuel respondió: "¿Y ha preferido Dios el holocausto a sus mandamientos?" "Obedecer es mejor que el sacrificio y escuchar Su voz que la de los carneros. Porque la rebelión es como ir a una bruja y pedirle consejo. Y la terquedad es como el pecado de la idolatría y la iniquidad. Porque desobedeciste y rechazaste a Dios, Él te ha rechazado a ti".

Saúl le rogó a Samuel que regresara con él y le dijo: "He pecado. He transgredido los mandamientos del Señor porque temía a la gente y obedecí a su voz. Ahora, por favor, perdóname de mi pecado y déjame ir contigo para adorar al Señor".

Y Samuel respondió: "No puedo volver a ti porque el Señor te ha rechazado".

Y cuando Samuel se dio la vuelta para irse, Saúl lo agarró de su ropa y rasgó un pedazo. Y Samuel dijo: "El Señor dividirá el reino de Israel y se lo dará a tu prójimo. Porque Dios no puede mentir ni arrepentirse".

Samuel regresó a Saúl y adoró al Señor. Samuel mató al Rey Agag y nunca volvió a ver a Saúl hasta el día de su muerte. Sin embargo, Samuel lloró por Saúl y el Señor rechazó haberlo hecho Rey de Israel.

David consagrado como el nuevo Rey de Israel

"¿Cuánto tiempo te lamentaras por Saúl al ver que lo he rechazado como Rey sobre el pueblo de Israel?" le preguntó Dios a Samuel. Levántate, te enviaré a la casa de Jesé, de Belén: porque he visto un rey entre sus hijos".

Samuel respondió: "¿Cómo puedo ir, sabiendo que Saúl se enojará si se entera?"

Y el Señor respondió: "Lleva una ternera contigo y di que has venido a sacrificio para el Señor. Y llama a Jesé al sacrificio, y te diré lo que debes hacer. Y debes consagrar al que yo digo debe ser consagrado.

Samuel hizo lo que Dios le dijo que hiciera. Y llegó al pueblo de Belén. Y los ancianos del pueblo se asustaron y le dijeron: "¿Has venido en paz?"

Samuel respondió: "He venido en paz para un sacrificio

para el Señor. Ahora, purifíquense y vengan conmigo al sacrificio".

Samuel también invitó a Jesé y sus hijos. Y cuando llegó a la casa vio a Eliab y lo miró y dijo: "Seguramente, este debe ser el Consagrado del Señor".

Pero Dios respondió: "No mires su semblante, ni lo alto que es porque no es el indicado, las personas miran la apariencia externa, pero Dios mira el corazón".

Jesé llamó a Abinadab y lo hizo pararse delante de Samuel, pero tampoco era él.

Entonces Jesé llevó a Shammah a pararse ante él, pero fue rechazado.

Y Jesé hizo que siete de sus hijos se pusieran delante de Samuel, pero ninguno de ellos era el indicado. Luego Samuel le preguntó a Jesé: "¿Estos son todos tus hijos?"

Jesé respondió: "Tengo al más joven que está cuidando a las ovejas en el campo".

Entonces Samuel dijo: "Ve a buscarlo rápidamente, porque no me sentaré hasta que él venga".

Jesé envió a buscar a David, y cuando entró, Samuel vio al tipo de aspecto rubicundo y atractivo.

Y el Señor habló y le dijo a Samuel: "Levántate y conságralo, porque este es el indicado".

Samuel tomó el cuerno de aceite y consagró a David delante de su familia. Samuel se fue a Ramá, su casa, y desde ese día, el Espíritu de Dios descansó sobre David.

Fue como en aquellos días que los Filisteos lucharon contra Israel. David estaba preparado para luchar contra ellos en la batalla.

El profeta Samuel murió y fue sepultado en Ramá, y todo Israel lloró por él. Saúl había desterrado a todas las brujas, magos y aquellos que tenían espíritus familiares fuera del país de Israel.

Los filisteos se reunieron alrededor de la ciudad de Saúl y él estaba preocupado. Saúl le pidió a Dios sueños, visiones y profetas, pero no recibió ninguna palabra.

Y Saúl dijo a sus sirvientes: "Consíganme una mujer que tenga un espíritu familiar para que pueda acudir a ella y obtener algunas respuestas".

Y los sirvientes respondieron: "Hay una Bruja en Endor".

Saúl se disfrazó para que nadie pudiera reconocerlo. Y llegó de noche a la casa de la mujer junto con dos de sus sirvientes.

Y él le dijo a la mujer: "Por favor, mencione el nombre de la persona que yo solicito".

Y la bruja respondió: "¿Acaso no sabes lo que ha hecho Saúl? ¿Cómo ha matado a todas las brujas y magos de la tierra? ¿Me pones una trampa para que muera? "

Saúl juró ante el Señor y dijo: "Juro, que mientras el Señor viva, no haré que te maten".

Y la bruja respondió: "¿A quién debo traer para ti?"

Saúl respondió: "Tráeme el espíritu de Samuel".

Y cuando la bruja vio el espíritu de Samuel, gritó y dijo: "¿Por qué me has engañado? ¡Eres el Rey Saúl!"

Y Saúl le dijo: "¡No tengas miedo! Dime que ves."

La bruja respondió: "Veo a dioses que salen de la tierra."

Y Saúl respondió: "¿qué forma tiene él?"

La bruja respondió: "Un hombre viejo se acerca, vestido con un manto".

Y Saúl sabía que ese era Samuel.

Samuel le dijo a Saúl: "¿Por qué has llamado a mi espíritu?"

Y Saúl respondió: "Tengo miedo de que los Filisteos vengan contra mí a la guerra, y Dios me ha abandonado, y Él se ha convertido en mi enemigo. Y no recibo más sueños, visiones ni profecías.

"¿Entonces por qué me buscas viendo que Dios ya no está en ti? El Señor ha hecho lo que profeticé. Porque no obedeciste la voz de Dios y no destruiste completamente a la gente de Amalek, es por eso que Dios te ha hecho esto", dijo Samuel.

"Por otro parte, mañana a esta hora tú y tus hijos estarán a mi lado porque los Filisteos derrotarán a Israel", continuó Samuel.

Cuando Saúl escuchó estas palabras, cayó sobre la tierra y tuvo aún más miedo.

La mujer se presentó ante Saúl y vio que tenía mucho miedo y que era débil. Y ella dijo: "Déjame darte algo de comer".

Pero Saúl lo rechazó. Sin embargo, sus sirvientes y la mujer lo obligaron a comer porque no había comido nada desde la mañana. Luego se levantó de la cama y comió pan.

La mujer mató a un ternero y preparó pan sin levadura, y Saúl comió y él y sus sirvientes partieron en la noche.

La Llamada de Jeremías

La palabra de Dios llegó a Jeremías, hijo de Hilcías, uno de los sacerdotes de un pueblo llamado Anatot en el país de Benjamín. Las palabras de Dios llegaron durante el reinado de Joaquim, que era el hijo de Josías, Rey de Judá, hasta el final de Sedequías hasta el cautiverio de Jerusalén.

Ahora la palabra de Dios vino a Jeremías y dijo: "Antes de

crearte, sabía quién eras y te consagré; Te elegí para ser profeta de distintos países.

Jeremías respondió y dijo: "¡Ah! Señor, solo soy un niño. Soy demasiado joven."

Pero Dios le respondió y dijo: "No digas que eres solo un niño. A todo lo que te envíe definitivamente irás. No tengas miedo porque estaré contigo para entregarte".

Seguidamente, el Señor extendió su mano y tocó la boca de Jeremías y dijo: "Mira, he puesto mis palabras en tu boca. Mira, te he puesto a cargo de provincias y naciones. Para levantar y derribar, destruir y destruir totalmente, sembrar y plantar".

Entonces la palabra de Dios vino a Jeremías y dijo: "Jeremías, ¿qué ves?"

Y él respondió: "Veo una rama de almendro".

Luego Dios respondió: "De Efectivamente, has visto bien porque estoy mirando mis palabras para realizar las acciones".

Entonces la palabra de Dios vino a Jeremías por segunda vez y dijo: "Jeremías, ¿qué ves?"

Y él respondió: "Señor, veo una olla hirviendo, yendo hacia el norte".

Entonces Dios dijo: "¡Ah! Del Norte surgirá el desastre y serás libre de soltar a toda la gente de la tierra. Llamaré a toda la tierra del norte y vendrán y establecerán sus tronos en la puerta de Jerusalén contra los muros y contra Judá. Y traeré juicio contra ellos por sus pecados contra mí. Han servido a ídolos. Pero tú, Jeremiah, vístete para el trabajo, levántate y cuéntales todo lo que te he dicho. No te preocupes ni les tenga miedo. Desde este día te hice una ciudad indestructible de pilares de hierro y muros de bronce contra todo el país, los reyes de Judá, sus funcionarios, sacerdotes y ciudadanos. Lucharán contra ti, pero nunca ganarán porque yo estoy contigo, dice el Señor, para salvarte."

Isaías ve una visión de Dios

Fue el año en que murió el Rey Uzías, e Isaías vio una visión del Señor sentado en un trono, muy arriba, y su túnica y su cola llenaban el templo. Por encima del Señor estaban los serafines. Tenían seis alas: con dos se cubrían la cara, con dos los pies y con dos volaban. Y uno de ellos llamó a otro y dijo: "Santo, santo, santo es el Señor de los ejércitos porque toda la tierra está llena de Su gloria".

Y los cimientos temblaron por la voz de Él que llamó, y había humo por todas partes.

E Isaías dijo: "¡Pobre de mí! Porque no puedo encontrar mi camino. Mis labios son impuros, y habito entre un pueblo de bocas sucias. ¡Además, he visto al Rey de Gloria!

Luego, uno de los serafines voló hacia él con un carbón

encendido que había tomado del horno en el altar. Y tocó la boca de Isaías y dijo: "Mira, esto ha tocado tu boca; tu vergüenza ha desaparecido y tus pecados han desaparecido".

Y la voz del Señor se escuchó y dijo: "¿A quién debo enviar? ¿Y quién saldrá por nosotros?

Entonces Isaías dijo: "¡Aquí estoy! Envíame."

Entonces Dios respondió: "Ve y diles a estas personas: Todavía oyes pero no entiendes, sigues viendo pero no puedes diferenciar. Haz que el corazón de esta gente sea pesado y cega sus ojos, para que no vean con sus ojos, y oigan con sus oídos, y entiendan con sus corazones y se recuperen".

Isaías respondió: "¿Cuánto tiempo debe permanecer esto, Señor?"

Y Dios respondió: "Hasta que las ciudades estén en ruinas sin que haya nadie viviendo allí, y la tierra sea habitable, y el Señor desterre a las personas lejanas, y los lugares desterrados sean muchos en la tierra. Y, sin embargo, quedará una décima parte en él, y volverá a quemarse, como un trullo o un roble, cuyo tocón permanece cuando es cortado.

"La semilla sagrada es su tocón".

Jesús llama a sus primeros Discípulos

Y cuando Jesús caminó por la orilla del mar de Galilea, vio a dos hermanos, Andrés, y a su hermano Simón, también llamado Pedro, colocando una red al mar. Los hermanos eran pescadores. Y Jesús les dijo a ambos: "Síganme, y les enseñaré cómo pescar hombres".

Al instante, dejaron sus redes y siguieron a Jesús.

Y a medida que avanzaban vieron a otros dos hermanos colocando una red en el mar, Jacobo el hijo de Zebedeo y Juan su hermano, en el bote y Zebedeo estaba con ellos, y Jesús los llamó. Dejaron la red con su padre y siguieron a Jesús.

Jesús cura a un leproso

Y después de que Jesús bajaba de la montaña, mucha gente lo seguía. Y un hombre leproso vino y se inclinó ante él y le dijo: "Señor, si quieres puedes limpiarme".

Y Jesús puso sus manos y lo tocó, y dijo: "Estoy dispuesto. Límpiate.

E inmediatamente su lepra fue curada.

Y Jesús le dijo: "Asegúrate de no contarle a nadie sobre esto, pero ve y muéstrate al sacerdote y lleva un regalo que Moisés ha ordenado que se les muestre".

Jesús reprende una tormenta

Y cuando Jesús entró en el bote, los discípulos lo siguieron. Y de repente comenzó una tormenta poderosa en el mar, el bote se balanceó de lado a lado por las olas, pero Jesús estaba profundamente dormido.

Y los discípulos lo despertaron y le dijeron: "¡Sálvanos, Señor, vamos a morir!"

Y Jesús respondió: "¿Por qué tienes miedo? Tu fe es débil.

Entonces se levantó y reprendió a los vientos y la tormenta y todo quedo en calma. Y los discípulos se asombraron y dijeron: "¿Qué clase de hombre es este que hasta la naturaleza obedece a su voz?"

La fe del centurión

Y cuando Jesús llegó a la ciudad de Capernaúm, un centurión vino a él rogándole y diciendo: "Señor, mi sirviente está en casa y no puede caminar y tiene dolor".

Jesús le dijo: "Iré de inmediato y lo sanaré".

Pero el centurión respondió: "No así, Señor, solo di la palabra y mi sirviente sanará".

"Porque no soy digno de que entres en mi casa. Porque soy un capitán que tiene soldados, y le digo ir y él va, ven y viene. Haz esto y él lo hace.

Cuando Jesús escuchó al centurión se sorprendió y le dijo: "En realidad, nunca he visto ese tipo de fe en todo Israel".

"Y muchos vendrán del Este y del Oeste y se sentarán al lado de Abraham, Isaac y Jacob mientras los hijos del reino se perderán en la oscuridad. En un lugar así solo hay pena".

Y Jesús le dijo al centurión: "Ve a casa. Tu sirviente está curado, como has creído.

Y el sirviente fue sanado en el mismo momento que Jesús lo había dicho.

Un hombre quiere seguir a Jesús

Jesús vio una multitud a su alrededor y dio instrucciones de pasar por el otro lado. Y un escriba se le acercó y le dijo: "Maestro, te seguiré a donde sea que decidas ir".

Y Jesús respondió: "Los zorros tienen agujeros para su hogar, y las aves del aire tienen nidos, pero el Hijo del Hombre no tiene un lugar para descansar la cabeza".

Otro de sus discípulos le dijo: "Señor, déjame ir primero y enterrar a mi padre y luego te seguiré".

Jesús respondió: "Sígueme y deja que los muertos entierren a sus propios muertos".

Jesús llama a Mateo

Jesús pasó por cierto lugar y vio a un hombre, un recaudador de impuestos llamado Mateo sentado alrededor de una mesa recaudando impuestos, y le dijo: "Levántate y sígueme".

Y Mateo se levantó y lo siguió.

Jesús entró en la casa y muchos recaudadores de impuestos y pecadores estaban allí hablando con él y sus discípulos.

Y cuando los fariseos vieron esta actividad, dijeron a los discípulos de Jesús: "¿Por qué su maestro come y bebe con los recaudadores y los pecadores?"

Y Jesús los escuchó y dijo: "Si estás curado, no necesitas un médico, pero si estás enfermo, entonces necesitas un médico".

"Vayan y aprendan lo que significa esta parábola. Deseo misericordia y no sacrificio. Vine a llamar a los pecadores, no a los que no tienen pecados".

La Parábola del Tesoro Escondido

El reino de los cielos es como un tesoro escondido en un campo, el cual un hombre encontró y cubrió. Luego, porque está contento, va y vende todo lo que tiene y compra ese campo.

La Parábola de la Perla de Gran Precio

Nuevamente, el reino de los cielos es como un comerciante que busca perlas valiosas, que al encontrar una perla de alto valor, fue y vendió todo lo que tenía y la compró.

La Parábola de la Red

El reino de los cielos es como una gran red arrojada al océano y que atrapaba todo tipo de peces. Al llenarse, los hombres la sacaron a la orilla del mar, se sentaron y dividieron todo. Sacaron lo bueno, lo colocaron en una canasta, pero tiraron lo malo. Esto sucederá al final de la era. Los ángeles aparecerán y separarán lo bueno de lo malo. Los justos y los injustos. Lo malo entrará en un horno. En tal lugar solo hay tristeza, llanto y crujir de dientes.

Y cuando Jesús terminó sus parábolas, se movió de allí, y vino a Nazaret y enseñó en su Sinagoga, y se maravillaron y dijeron: "¿De dónde sacó este hombre esta sabiduría? ¿Cómo hizo todas estas grandes cosas? ¿No es este el hijo de José? ¿Acaso se llama Maria su madre? ¿No son sus hermanos Jacobo, José, Simón y Judas? ¿Y acaso no están todas sus hermanas aquí con nosotros?

¿De dónde sacó todas estas cosas?

Y lo rechazaron.

Y Jesús les dijo: "Un profeta no recibe ningún honor en su propio país o ciudad natal".

Y Jesús no realizó muchos milagros allí debido a la incredulidad hacia él.

13 Cuentos Cortos Bíblicos para Niños

14 Cuentos Cortos para Niños

www.ingramcontent.com/pod-product-compliance
Lightning Source LLC
Chambersburg PA
CBHW051811130726
47987CB00003B/1203